調査結果」２０１８年）。

なぜ、日本企業のグローバル化はうまくいかないのか？

もっとも根本的な原因は、

「グローバルビジネスで真っ向勝負ができる人材が育っていない」

それに尽きると思います。

これまでの日本企業のグローバル戦略のほとんどは、「まずは海外に拠点をつくろう」「人は、社員の中から適任者をアサインすればいい」という方法でした。海外進出（拠点をつくること）が優先で、人材の育成は二の次、という状況です。しかし、よくよく考えれば当たり前の話ですが、海外の拠点をいくらつくったところで、そこで動ける人材がいなければ、事業がうまくいくはずもありません。

前者の拠点優先の従来型の日本の海外進出を、私は「企業のグローバリゼーション」と呼んでいます。企業のグローバリゼーションでは、海外進出したところで思うような成果を出すことはできません。

海外で勝負をしたければ、拠点よりも人材――まずはグローバルなマーケットで真っ向勝負ができる人材を育てること、即ち**「人のグローバリゼーション」**に取り組むことが重要なのです。

日本貿易振興機構（ＪＥＴＲＯ）が実施したアンケート調査（「２０１６年度日本企業の海外事業展開に関するアンケート調査」）でも、海外ビジネスの課題として半数以上の企業（全体の55・３％。割合としてはもっとも多い）が「海外ビジネスを担う人材」を挙げています。

私の経験を若い世代に伝えたい

ただ、〝言うは易く行なうは難し〟で、グローバルで活躍できる人材を育てることは一朝一夕ではできません。最低10年は見るべき、というのが私の持論です。

私は、これまでグローバルマーケットで投資や会社経営を行なってきました。

大学卒業後、総合商社であるトーメン（現・豊田通商）に入社。ここでは商慣行に関する基礎を学びました。その後、ニューヨーク駐在中に出会いに恵まれて、グローバルな金融ビジネスに憧れるようになり、一念発起してコロンビア大学経営大学院でＭＢＡを取得して、１９８７年にアメリカのゴールドマン・サックス・アンド・カンパニー（以下、ゴールドマン・サックス）に入りました。ゴールドマン・サックスでは、ＬＢＯ（レバレッジド・バイアウト）ファイナンスを担当し、企業や金融機関との交渉など多くの経験を積ませてもらいました。その後、１９９４年に縁あって香港の事業投資会社ファー・イースト・コンソーシアム・インターナショナル・リミテッド（以下、ファー・イースト・コンソーシアム）の社長となり、香港や中国の華僑たちと深く関わりながら、グローバルマーケットでさまざまな事業・会社の買収や経営に携わってきました。

現在、大黒屋グループを率いてグローバル化を進めることができているのも、ゴールドマン・サックスやファー・イースト・コンソーシアムでの10年以上の経験があればこそだと思っています。

グローバル人材の育成には時間がかかります。だからこそ、企業は長期的視野に立って社員を育てていかなければならないし、一方で個々のビジネスパーソンも20代、30代のうちからグローバルを意識して知識や経験を蓄積し、スキルや感性を磨いていくことが不可欠になります。

本書は、そんな海外でのビジネスを志す20代、30代の若いビジネスパーソンのために書きました。

各章には、私がゴールドマン・サックスやファー・イースト・コンソーシアム、現在の大黒屋グループのグローバル化を通じて学んだ**「グローバルビジネスで勝負をするために必要なこと」**をまとめています。

私が20〜30代だった80年代〜90年代前半と現在とでは、グローバルなビジネス環境はまったく異なります。そのため、私がやってきたことや経験したことを、読者のみなさんがそのまま同じように再現したり、経験してもらうことは難しい……というより不可能だと思います。しかし、幼少期から海外に在住していた帰国子女でもなく、語学が特別に得意だったわけでもない自分が、現在に至るまでグローバルビジネスで真っ向勝負ができている、そのエッセンス、行動や考え方の〝軸〟みたいなものは伝えられると思いますし、それはきっといまの若い世代にとっても役に立つのではないかと考えています。

それぞれの項目――たとえば、ファイナンスや企業経営のこと、リスク管理のこと、アメリカの投資銀行や華僑のビジネスのこと、など――はそれぞれ分厚い専門書が一冊書けるくらいの深いテーマですので、本書では各項目についてあまり深入りはせず、指針を示すくらいの記述を心がけました。若いビジネスパーソンには、本書を入り口として、さらに深い経験や学びが得られるよう、1日でも早く動き出してほしいと思っています。

私は、常々「グローバルビジネスはＦ1のレースみたいなもの」と言ってきました。

新しいビジネスが次々と生まれ、莫大なお金がやりとりされ、しかもそれらがまるでＦ1レースのように尋常ではないスピードで目の前を通り過ぎていく。ちょっとでも気を緩めたら、あっという間に置いていかれますし、その動きの速さについていけず、何が起きているのかすらわからないという人もいるでしょう。

そんな厳しい環境に、何も武器を持たないまま飛び込んでいったら、流れについていけないばかりか、大怪我をするリスクがあります。これまでの日本企業、日本人の大部分が、まさにそんな状態だったのではないでしょうか。

しかし適切な経験を積み、必要な知識やスキルを身につけて飛び込めば、熾烈な競争にさらされることは変わりないのですが、その一方で国内のビジネスだけでは味わえない面白さや充実感、自分を大きく成長させてくれる人との出会いなど、より多くのものを手にすることができます。

海外ビジネスは大きなチャンスでもあります。海外には、国内とは比較にならないほどの大きなマーケットが広がっているからです。

これからの時代、海外ビジネスはさらに劇的に変わっていくはずです。経済規模では、中国がこの先どこまで伸びていくか。インドや東南アジアも急成長を続けています。デジタル革命はさらに進展し、ビッグデータ、ＡＩ（人工知能）、ロボット、自動運転、ＥＶ（電気自動車）、ブロックチェーンなどの最先端のテクノロジーが、新しい事業の創出に活かされていくでしょう。

5年先、10年先の世界がどうなっているのか、正確に予測をすることは困難です。だからこそ、日本の若い人たちには、これから先の未来を見つめながら、どんどん海外に飛び出し、グローバルな環境で自分を成長させて、チャレンジをしていただきたいと願っています。

本書がそのための一助となれば、著者としてそれに勝る喜びはありません。

なぜ大黒屋だったのか——グローバルに適した事業を見極める視点

大黒屋をグループの傘下に置いたことで、私は「大黒屋の事業を核に、グループ全体の企業価値をいかに向上させていくか」ということを考えるようになりました。

グループを大きくするための方法として、ひとつにはM&Aがあります。

そもそもサクラダ支援時に大黒屋を傘下に入れたのは、大黒屋が毎年およそ25億円の安定したEBITDA（Earnings before Interest, Taxes, Depreciation and Amortization：利払い前・税引き前・減価償却前利益）を生み続ける、極めて優れたビジネスモデルの会社だったからです。

大黒屋は質業を行なっており、その質の金利で年間10億円の収入がありました。中古ブランド品の買取・販売でも、在庫回転日数を90日で回していたので、安定してキャッシュが入っていたのです。

キャッシュが潤沢にあれば、レバレッジをかけてLBOファイナンスが組みやすく、企業買収がやりやすい状況になります。実際、大黒屋と同業で、大黒屋に次ぐ業界シェア第3位の「ブランドオフ」の買収を試みたこともあります（ブランドオフとの資本業務提携は現在までに何度か試みているのですが、なかなか条件面での折り合いがつかず、結果的に結実はしていません）。

グローバル展開の構想もこのころからありました。「香港上場」です。

前述したブランドオフの買収も、実は香港上場の計画と関係がありました。同社は当時すでに香港に店舗展開をしており、買収をすることでその海外拠点を大黒屋で利用しようと考えていたのです。

私は常に「自分の会社の価値は、どこのマーケットに上場をすれば、いちばん高く評価されるか」ということを考えています。高く評価されるとは、すなわち「資金を集めやすくなる」ということです。

当時、中国では消費財産業が伸びると言われ、特にブランド品は有望視されていました。香港の証券会社から示された資料には、海外旅行でのブランド品購入も含めれば、中国人は世界のブランド品の40％を購入しているというデータもありました。香港の投資家の立場からすれば、できればルイ・ヴィトン、エルメス、カルティエ、シャネル、ロレックスなどのブランド本体に投資をしたいわけですが、現実問題としてそのハードルは高い。それに、もし投資ができたとしても、それらのブランドはグローバル展開をしているので、拡大する中国市場への投資という意味合いは薄れてしまいます。

そこに大黒屋のような中古ブランド品を取り扱う会社が上場してくれば、当然、投資家の注目も集まります。実際、香港上場に関する調査を進める中で、香港のキャピタルマーケットなら大黒屋の企業価値は1000億円にまで膨れ上がる可能性があるという試算結果も出ていました。

さらに、中国をはじめとしたアジア圏のみならず、アメリカやヨーロッパも視野にありました。

きっかけは、2008年から2009年にかけてアメリカやヨーロッパで相次いだ、ネットオークション大手イーベイに対する訴訟でした。フランスではモエ・ヘネシー・ルイ・ヴィトンやロレアルが、アメリカではティファニーが、イーベイの出品者がサイト上で偽ブランド品を販売したとして、プラットフォーマーであるイーベイ本体に販売停止や賠償金支払いを求めたのです。

各国での訴訟は、最終的にはイーベイ側の勝訴もしくは和解で終わっていますが、ECサイトにおける模造品問題の深刻さ、各ブランドのECサイトへの不信感が垣間見える出来事でした。

そのニュースを聞いたとき私は、グローバルなECでは真贋《しんがん》鑑定の精度が最重要課題になる、そして、もし偽物の流通がほぼゼロに近いECサイトを構築できれば、ユーザーにとってメリットがあるばかりか、ブランドの信用も勝ち取ることができ、新たなビジネスチャンス（たとえば、ブランドオフィシャルの中古代理店業など）が展開できるのではないか、と直感しました。

幸い、大黒屋という企業には、そんな私の直感を具現化させるだけのポテンシャルがありました。大黒屋には、長年の中古ブランド品の買取・販売事業を通じて、高い精度で真贋鑑定ができる人材が揃っていました。そうした人的資源の価値を最大化できれば、大黒屋が世界で戦っていくための武器（強み）になると考えたのです。この武器が大黒屋の競争優位の源泉であり、今後のC２Cビジネスも含めたECデータベース・マネジメントにおいて基礎になると考えています。

傍《はた》から見れば、大黒屋のような小さな会社がグローバル展開することに対して、「勝算があってやっているのだろうか？」と思うかもしれません。もちろん結果はやってみなければわかりませんが、私としては少なくとも当時から「勝負はできるはずだ」と確信していました。なぜならば、「グローバルなマーケットが求めているもの」と「大黒屋が備えている強み」が合致していたからです。また、正確な真贋鑑定やきめ細かい商品管理ノウハウなど、日本人・日本企業として有するソフト面での強さが世界に通用すると確信しているからです。

大黒屋がグループの傘下になった時点で、以上のような構想が私の頭に浮かんでいました。

大黒屋を核としたグローバル構想を実現すべく動きはじめたのは、２０１２年ごろからです。そのころ、親会社である「森電機」の社名も「アジアグロースキャピタル」に変更しました。今後の市場拡大が見込まれるアジアにおいて、その成長を取り込みながら企業価値を向上させていきたいとの思いを込めての命名でした。

ブランド品の本場ヨーロッパへ

２０１２年、大黒屋グループは「ブランド品リサイクル事業で世界へ」というビジョンのもと、グローバル展開に向けて本格的に動きはじめました。

そのひとつが、イギリスのＳＦＬグループの買収です。

もともと私の中には「ブランド品を扱っている以上、ヨーロッパに進出しなければ」という強い思いがありました。欧米諸国は、われわれの商材であるブランド品の本場です。そこで認められることは、大黒屋の企業価値向上にもつながります。

ただ、何も基盤のないところで一から出店して拡大していくのは、途方もない時間と労力がかかります。現地の企業を買収し、すでにある拠点や人材を活用しながら徐々に大黒屋ブランドやそのビジネスモデルを浸透させていったほうが現実的です。そのため、ヨーロッパで買収できそうな企業の情報収集に努めていました。

ＳＦＬグループの買収の打診をはじめて受けたのは、２０１３年ごろに大黒屋グループのＩＲのためにイギリスを訪れたときです。現地のアドバイザー企業「プライスウォーターハウスクーパース（以下、ＰｗＣ）」（ロンドンを本拠に全世界に展開する世界最大級のプロフェッショナルファーム）からでした。

ＳＦＬは、イギリス内で中古宝飾品の買取・販売、質屋、金の買取、海外送金、外国為替などを行なっており、１７０年以上続く中古宝飾品の買取・販売業中心の「ハーバート・ブラウン」と、30年以上続く質屋業中心の「アルベマール＆ボンド」という2つのブランドの店舗を１１４店舗運営していました。

ハーバート・ブラウンとアルベマール＆ボンドは、元は経営破綻した会社で、その経営再建に取り組んでいたのが、アメリカの大手投資会社「アポロ・グローバル・マネジメント・ＬＬＣ（以下、アポロ）」とイギリスのプライベート・エクイティファンドの「プロメシアン・インベストメンツ・ＬＬＰ（以下、プロメシアン）」でした。アポロおよびプロメシアンは、ＳＦＬの経営陣を刷新して、1年ぐらいかけて経営再建を行なってきまし

仕事をすることになります。その多様性は、ドメスティックなビジネスの比ではありません。ある出来事に対して、いろいろな人が、さまざまな観点から持論を主張します。その中には理に適った聞くべき意見もありますし、取るに足らない無駄な意見もあります。そうした多様な意見を精査し、ときには議論をして相手を言い負かしたり、一蹴したりする強さがなければ、グローバルビジネスで生き残ることはできないのです。

ＳＦＬの経営統合では、買収後のわずか1年の間にS氏、H氏、M氏とトップを相次いで更迭するという異常事態が続きました。原因はいくつかありますが、いちばんはやはり人選のミスだったと思います。シームレスに海外とのコミュニケーションが取れるようになってきたとはいえ、信頼関係を築く以前に遠隔で人材を採用することの難しさを痛感しました。その一方で、短期的な混乱を嫌って、相手の不条理な要求を受け入れるようなことがあれば、その後も相手のペースで言いなりになり続けることにもなりかねません。それは中長期的に、大黒屋グループとしてのガバナンスのあり方や指揮命令系統を歪めることにもなります。日本企業が海外企業の買収でイニシアチブを握れずに十分なシナジーを発揮できなかったり、あとあとになって、現地の経営陣の不正で大きな損失を被るようなケースは、このあたりに原因があると私は考えます。

M氏の解任のあとは「これは自分でやらないと埒が明かない」と覚悟して、私がCEO

として陣頭指揮を執ってSFLグループの経営に関わることになりました。

CEOとなった私は、1年ほどかけて、社内の情報管理システムの刷新や本社の役員・社員の入れ替えを行ないました。システムを変え、人を替えたことで、SFLグループの経営は、やっとスタート地点に立つことができました。海外企業の経営統合には、その企業が長年培ってきた習慣や文化などを根底から一新するくらいの抜本的な改革が不可欠なのです。

今後の展望は、まずはイギリスでハーバート・ブラウンやアルベマール&ボンドに加えて大黒屋のビジネスモデルを展開し、その後フランス、ドイツなどのヨーロッパ諸国、さらにはアメリカへと広げていきたいと考えています。

私がずっとCEOとして経営の中心を担い続けることもできないので、後任CEOのリクルーティングもすでに始めています。幸いなことに、某有名IT企業のイギリス支社長がSFLの経営に参加したい旨打診してきてくれたので、まだ本決まりではありませんが、将来はその彼に会社を託せるようにこれから交渉を進めていく予定です。

提携先も増やしていきます。SFLグループはイギリスで2番目の規模の海外送金エージェントであり、モバイル決済のアリペイを運営する中国のアリババなどがSFLの事業に興味を持ってくれています。

ＳＦＬグループの経営統合は現時点ではまだまだ道半ばではありますが、この買収によって大黒屋のビジネスに新たな展望が開けたという可能性は強く感じています。

巨人ＣＩＴＩＣとの提携

「ブランド品の本場であるヨーロッパへの進出」とともに、大黒屋のグローバル戦略の柱となっているのが「アジア、特に中国への進出」です。

もともと香港の事業投資会社でアジアへの投資をしていたこともあり、大黒屋の海外展開を考えはじめた当初からアジアのマーケットは意識していました。それは「日本企業は、中国をはじめとしたアジアの成長にもっと乗らなければならない」という思いがあったからです。

アジア経済は、80年代後半ごろから上昇を始め、成長は現在もなお続いています。その成長を支えてきたのが、ほかでもない日本です。「ジャパン・アズ・ナンバーワン」と持てはやされた時代、日本政府は円借款というかたちでアジア諸国への支援を行ない、銀行も積極的に国際融資を実施しました。

円借款も国際融資も貸付の原資は国民のお金です。どちらも期限が来れば返済されるので損失を生むことはないのですが（相手側の事情で貸付資金が焦げついた場合を除いて）、国民のお金を預かって運用する以上、やはり少しでも多くの利益を生み、日本経済にプラスになるようにしなければなりません。しかし現実には、アジア経済の成長に乗って事業を拡大した企業の多くは日本の国際融資から卒業してしまい、その成長を日本経済に還元してきませんでした。

90年代、香港の事業投資会社の社長をしていたとき、日本の金融機関の方からよく言われたのが「卒業生はいっぱいいる。でも、日本にはほとんど還元されていない」「日本はアジアの成長からまったく利益を得ることができていない」ということでした。

その原因は、アジアの人々にあるというよりも、われわれ日本の側にありました。円借款や国際融資などを通じて貸付は行なってきたものの、アジアの企業に直接投資をしてこなかったからです。

その反省から、日本の上場会社を通じてアジアの企業に直接投資しよう、遅ればせながらアジアの成長の恩恵を直接的に受けられるようにしようと行なったのが東海観光や森電機の買収でした。東海観光の買収時、資金調達のスキームで日本の大手証券会社が50億円のブリッジ（新しいファイナンスを行なうまでの短期融資）をしてくれたのも、「アジアの成長に乗らなければ」という互いの危機感が一致したからにほかなりません。

こうしたアジアへの思いはその後も変わることなく、大黒屋グループのビジネスにおいても重要なポジションを占めていました。

アジアの中でも特に中国に狙いを定めたのは、言うまでもないことですが、その経済力の大きさ、凄まじいスピードで拡大するその勢いでゆえです。

中国のブランド品市場の規模はおよそ7兆〜9兆円で、日本のおよそ3倍と言われています。そのうち、中古ブランド品の市場は10%のおよそ7000億〜9000億円の規模。今後ますます拡大していくことも予測され、中古ブランド品を取り扱う事業を行なっている以上、中国は避けては通れない国であり、何らかのかたちで進出しなければならないとずっと考えていました。

日本人の中には「中国経済の高成長は一時的なもの。いずれ減速する」「いつかバブルがはじけて、中国経済は崩壊する」「中国は日本のライバルにすらならない」などのアンチ中国論をおっしゃる方もいます。しかし、私から言わせてもらえば、そんな上から目線の考え方は、日本経済が世界を席巻した過去の栄光にすがっているだけの負け惜しみです。

中国経済の規模や勢いは、いまの日本と比べたら、桁違いです。もし信じられなければ、実際に中国に行ってみることをおすすめします。北京や上海の繁華街を歩けば、誰もが中国が持つ勢いを肌身で実感できるはずです。

では、中国に進出するにはどうすればいいのか。大黒屋の企業価値をもっとも向上させる方法は何か。ブランドオフ買収や香港上場という案もありましたが、実現には至りませんでした。そんな中、私のもとに持ち込まれたのが、中国最大の企業グループＣＩＴＩＣとの提携でした。きっかけは、香港の投資会社時代からの友人であり、現在は大黒屋ホールディングスの役員を延べ10年以上も務めてくれているローレンス・シン氏でした。彼は中国共産党の高級幹部の子弟グループである太子党の流れを組む人で、中国政府や国営企業であるＣＩＴＩＣグループの上層部にも友人が多くいます。彼を通じて、ＣＩＴＩＣグループの連結子会社で中国質屋業界大手のＣＸＢが大黒屋に興味を持っているという話が持ち込まれたのです。

ＣＩＴＩＣは中国最大規模の金融グループ企業で、銀行や証券会社など数多くの企業がその傘下に置かれています。日本で言えば、「内閣府直轄の投資会社」とでも表現すればわかりやすいでしょうか。中国政府が１００％出資して設立しており、中国政府と一体の企業と言えます。２０１５年には伊藤忠商事が、資本提携するタイの財閥ＣＰグループとともに、ＣＩＴＩＣに対して約１兆２０００億円の出資（うち伊藤忠商事の負担は約６０００億円）を行なったことが大きなニュースになりました。まさに中国経済における巨人だと言っても過言ではありません。

業を人件費が比較的安いアジア圏の人材に委託。グローバルな環境で高品質かつ低コストなＥＣ事業を展開できる体制を整えてきました。

現在は、デジタルテクノロジーの劇的な進化に伴い、ビジネスモデルも飛躍的に変化させています。それが「ＡＩを使ったキュレーション型のＥＣ」です。

従来のＥＣサイトは、インターネット上に商品を売買する場を設けて、顧客を呼び込むものでした。出店コストが路面店に比べて格安であるとか、ＳＥＯ対策（自社サイトの露出を多くすること）をすることで検索されやすくなる（＝顧客を呼び込みやすくなる）などの特徴はありましたが、基本的な構造は昔ながらの店舗販売の枠組みをインターネット上に置き換えただけです。

今後、大黒屋が展開するＥＣサイトは、それとはまったく次元の異なるサービスです。

ＩＴの世界におけるキュレーションとは、「インターネット上の情報を収集してまとめて、情報に新しい価値を持たせること」を意味します。大黒屋のようなモノを売るビジネスの場合、顧客がサイトを開いて欲しい商品を探すのではなく、サイトを開いた瞬間にその顧客が欲しがるだろうモノをトップページで並べて見てもらうサービスを指します。すでにアマゾンや楽天をはじめとした多くのＥＣサイトで、顧客の購買履歴などのデータをもとにおすすめの商品を表示するキュレーションテクノロジーが採用されています。

ただ、これまで中古ブランド品の売買に関しては、そうしたキュレーション型のＥＣサイトはありませんでした。なぜなら中古ブランド品のビジネスには、メーカー（ブランド）から仕入れた商品を顧客に売る単純な小売業とは異なり、不特定多数の顧客からの商品（中古ブランド品）の買い取り、その際の真贋判定や（商品の状態、市場の状況などによる）買値の値付け、さらには買い取った商品の売値の値付けなど、煩雑なプロセスがあったからです。

売りたいと思っている顧客に対し、いかに納得してもらえる値段を提示するか。また、買いたいと思っている顧客に対して、いかにニーズのある商品を適正な価格で提示するか。その両方ができてはじめて、中古ブランド品のキュレーション型ＥＣサイトが成り立つのです。

グローバルな人材を活用し、斬新なシステムを実現

中古ブランド品のキュレーション型ＥＣサイトを実現するには、大前提として取り扱うブランド品に関するデータベースを構築しなければなりません。たとえば、【Ａブランド】の【Ａ１】というバッグにはどんな特徴があり、いま市場でどのくらいの価格でやりとり

されているのか。また、【Aブランド】のバッグである【A1】【A2】【A3】にはそれぞれどんな違いがあるのか。さらには、それぞれの真贋を鑑定するには、どこをチェックすればいいのか。世界に流通する主要ブランドの各製品に関してのすべてのデータをまとめ、中古ブランド品売買のキュレーション型ECサイトのシステムをつくり上げる作業は、想像を絶する途方もない時間と労力がかかります。

その作業において、革新的なアイデアを提示して実現してくれたのが、アメリカでヘッドハンティングしたロシア系アメリカ人のイオラ・パルキンです（イオラについては第5章で詳述します）。イオラは、アメリカの有名な百貨店メイシーズや全米最大のショッピングモールであるウエストフィールズモールのデジタルマーケティングの開発などを手がけてきたEC開発のプロフェッショナルです。

これまでの日本のシステム開発は、はじめに要件定義を行なって全体の機能設計・計画を決定し、その計画に従って開発・実装していくというのが基本的な流れでした。もちろん事前に綿密な設計・計画を立てることで完成度の高いシステムが構築されるのですが、一方でマスターデータの構築に何年もかかったり、途中で不具合があった場合に修正に時間がかかったりするデメリットもありました。こうした100％完璧なものをつくって世に出すという考えは、言わば製造業的な発想です。大黒屋のような小売業では、日々変化し、多様化し続ける消費者のニーズに合わせてもっとスピーディーに修正していくという発想が必要になります。

中古ブランド品のキュレーション型ＥＣサイトのシステムも、従来型の日本のシステム開発の発想では永遠に完成しなかったのではないかと思います。なぜなら、現時点でのマスターデータをつくることも大変ですが、中古ブランド品に関するデータは日々更新され、そのつど情報を追加していかなければならないからです。

グローバルマーケットの変化は年々激しさを増し、あらゆる企業がそのスピードに対応すべく、しのぎを削っています。どんな新しいシステム、新しいアイデアもモタモタしていたら、競合に先を越されてしまうか、あっという間に時代遅れになってしまうのです。

そのため、イオラはまず、システム開発に「アジャイル方式」を採用しました。アジャイルとは「すばやい」「機敏な」という意味で、開発工程を大きな単位で区切るのではなく、小単位で実装とテストを繰り返して開発を進めていく手法です。具体的には、最低限稼働できるシステムをまずつくり、それを運用しながら補正・修正し、より精度の高いシステムへと練り上げていったのです。

さらに、「クローリング」の技術を用いることで、自前のデータベースを必要としないシステムに改編しました。クローリングとは、ウェブサイトからＨＴＭＬや任意の情報を取得する技術のことです。イオラが開発したのは、大黒屋のECサイトのユーザーが商品の写真を撮ってアップロードした瞬間、世界中のブランド品を扱うサイト——アマゾンやイーベイなどのECサイトはもちろん、ルイ・ヴィトンやエルメスなどのブランド直営のサイトも——のデータをクローリングして、商品名や適正な値段などを特定してしまうシステムです。

この驚異的なシステムによって、われわれは自分たちでデータベースのマスターを構築したり、更新する手間が省けるようになりました。ユーザーの立場から言えば、いちいち商品名を打ち込んだりする面倒臭さから解放されるだけではなく、提示される金額はグローバルな市場価値やニーズを反映した極めて適正な額であるため、納得して売買ができるようになります。

こうしたブランド品のデータベース・マネジメントのシステムに関しては、世界中の競合に負けないすばらしいものができ上がったと自負しています。

また、サイト上で取り扱う商品に偽物が数多く混じっていたら、そのサイトは信頼を失い、ユーザーは離れていってしまいます。特にアメリカのイーベイや日本のメルカリのように、これからのECはB2CではなくC2C、ユーザー同士が直接やりとりするC2Cが主流になっていくでしょう。そうなるとECで中古ブランド品を取り扱う場合、イーベイに対する高級ブランドの訴訟の事例からもわかるように、真贋判定の精度は極めて重要なカギになります。

大黒屋ではグローバルに事業を拡大していくにあたり、高度な真贋判定スキルを擁する人材の育成とともに、ＡＩを活用した真贋判定システムの導入も行なっています。現時点ですでに、一定のブランドのラインナップに関しては、ＡＩの真贋判定の成功率は実物の鑑定で99％を超え、スマホ写真のパターン認識でも70％を超えています。今後ディープラーニングの手法で学習を重ねていけば、さらに幅広いブランド・ラインナップでより高い精度で真贋判定ができるシステムが構築できると考えています。

現在では、どこのＥＣサイトでも必ず「偽ブランド品への取り締まり強化（出品パトロールなど）」や「偽ブランド品補償」などを謳っていますが、大黒屋は中古ブランド品買取・販売の長い実績とそれを活かすテクノロジーの導入を実施しているため、競合に対して一定の優位性を保持していると思っています。

ＥＣサイトの構築は、中国向けが終わり、現在は日本向けに着手しています。大黒屋のＥＣサイトは、将来的には中国、イギリス（英語圏）、日本で展開する予定です。日本語、中国語、英語という3つの言語圏をまたぐプラットフォームを持っているのはわれわれだけですし、グローバルにデータを蓄積していくことでさらに高い精度で商品や真贋の判定、

第2章

アメリカの投資銀行と華僑の共通点

自分の元手をいかに増やすか

私のキャリアを振り返ったとき、「アメリカの投資銀行」と「香港華僑の事業投資会社」で仕事ができたことは極めて大きかったと思っています。なぜなら、グローバルビジネスで成果を出し続ける、投資や経営の〝軸〟を学ぶことができたからです。

両方を経験した私の目から見ると、アメリカの投資銀行と香港華僑の事業投資会社には、ひとつの共通点があります。それは彼らが**「自分たちの元手（投下資本）に対するリターンをいかに最大化するか」**を徹底して考えている点です。わかりやすく言えば、いま自分の手元に1億円があったとしたら、その1億円の価値をどれだけ高められるか、ということです。

自分の元手を増やすには、2つの段階があります。

第1段階は、「自分の元手だけ」で投資をしたり、事業を起こすことです。資金を投じた事業が利益を生むようになれば、一定のリターンを得られるようになりますし、最終的に事業の売却や上場によって利益を得られます。ただし、この方法では、投資や起業の資金が自分の元手だけなので、投資や起業できる事業規模も限られ、そのリターンも限定的なものとなります。

自分の元手だけの限界を突破するためには、「アザーピープルズ・マネーでレバレッジをかけて」投資や起業をすることになります。これが第2段階。レバレッジとは「テコの原理」のことで、ビジネスの世界では「小さな金額でより大きな金額を動かすこと」を意味します。アザーピープルズ・マネーとは文字どおり「他人のお金」のことで、投資家や金融機関などから預かった資本でレバレッジを効かせながら投資を行なったり、事業を拡大させて、自分の元手を効率的に増やしていきます。「他人のお金」は、出資(エクイティ)もしくは借入(デット)によって調達します。

アメリカの投資銀行も香港華僑の投資会社もやっていることは同じです。まずは投資家のお金(アザーピープルズ・マネー)を使って、レバレッジを効かせながら事業や株式に大きく投資をする。そして最終的には、その事業や株式を売却し、投下資本に対するリターンを最大化する。彼らは、自分たちが投資した事業や株式を、いつ、どこで、どのようにエグジット(売却・上場)すれば、どのくらいのリターンを上げられるかということを、常に考えて行動しています。

香港華僑の事業投資会社では「キャッシュ・オン・キャッシュリターン（CCR）を重視するように」と教わりました。CCRとは、自己資金の投資効率、要するに「投下した現金に対して、どれだけの現金のリターンがあったか」を見るための指標です。日本では不動産投資の指標としてよく使われています。

ただ、アザーピープルズ・マネーを使う場合には、必ず「返すこと」をセットにして考えなければなりません。

借入（デット）を返せなくなれば、資産を担保として持っていかれるリスクがあります。投下資本のリターンを最大化することが投資や起業の目的である以上、投資家などから預かった資本を損なうことは絶対に回避しなければならない事態だと言えます。

投資家などからの出資金（エクイティ）は、デットと異なり、「返済する」必要のあるお金ではありません。しかし、投資家にはキャピタルゲインやインカムゲインを合わせた「リターン」を提供しなければなりません。配当金として利益の一部を還元したり、事業の売却や株式上場によって投資家に返していくことで、キャピタルマーケットの信用を生み、次の出資をしてもらいやすくなります。

実際、私はこれまで投資や企業経営を行なうとき、投資家から出資をしてもらったり、銀行から借入をした「アザーピープルズ・マネー」に対して確実に「リターン」できる事業計画を組み立て、実績も上げてきました。いまでは、私が注力する事業に対しては、投資家や投資銀行の担当者は前向きに投資を検討してくれます。過去の実績に基づくこうしたキャピタルマーケットの信用があればこそ、私は現在に至るまでグローバルでビジネスができているのではないかと思います。

「エクイティを返す」意識が希薄な日本人

グローバルで成果を上げている企業と、日本の一般的な企業とを比較したとき、アザーピープルズ・マネーを返すことのうち、「エクイティを返す」という点について大きな差があると、私は感じています。

デットについては、期日までに返済できない場合は倒産になるため、誰もが必死になって返そうとします。

しかし、エクイティについては、出資してもらった時点でバランスシートの上では「自己資本」となるので、「返済の必要がないお金」として認識しているのではないでしょうか。金融機関の方でさえ、経営者にアドバイスをする際に「エクイティは借りっぱなしでいい（返す必要はない）」「どうせ借りる（出資してもらう）なら、できるだけ大きく借りたほックレコード（過去の実績）を評価して「彼に任せれば、確実にリターンを上げてくれる」と判断したわけです。

その判断は正解でした。トランプ氏は表面的には大雑把に見えますが、彼の開発チームの仕事ぶりを見ていて、私は「彼らは金の使いどころがわかっているな」と感心しました。トランプ氏が手がけてきた不動産の特徴をひと言で言えば、「住みたい人がこだわる点に徹底的に投資する」ということです。マンションの購入者がこだわる外観や内装には徹底的にお金をかけてラグジュアリー感を演出し、富裕層が高額を出してでも住みたくなるような仕掛けをします。しかし、総花的な設備投資は決して行なわず、購入者がこだわらない部分については極力お金をかけずに費用を抑えています。だからこそ、利益を最大化できるのです。

実際、このウェストサイドのマンションは大成功を収めました。トランプ氏は、収益のうちの2割を自分のものにする契約を結んでいたために莫大な富を得ることになりました。トランプ氏は苦しい経営状況の中、香港華僑の金というアザーピープルズ・マネーを利用して、自分の元手を一気に増やして復活を成し遂げたのです。

トランプ氏はその後、ラスベガスやアトランティックシティなど、アメリカ中で多数のホテルやカジノをオープンさせて、「アメリカの不動産王」としての地位を再び取り戻します。

こうした成功を手にできたのは、彼が自分の元手を増やすことについては天才的な才覚を持っていたからだと私は思います。

M&Aで重視するのは「EBITDA」だけ

ゴールドマン・サックス時代にLBOファイナンスを担当するようになってから今日に至るまで、私は数え切れないほどのM&Aを手がけてきました。

企業や事業の買収を検討する際、その可否を判断するためにいくつかの指標を見ますが、私がもっとも重視しているのは「EBITDAのキャッシュフロー」と「EV/EBITDA倍率」です。極論をすれば、最終的な判断はこの2つの数値だけで決めていると言っても過言ではありません。

この2つの指標についてはすでに解説をしていますが、あらためて復習しましょう。「EBITDA」とは、Earnings before Interest, Taxes, Depreciation and Amortizationの頭文字をつなげた略語で、「利払い前・税引き前・減価償却前利益」のことです。営業利益に減価償却費を加えて計算し、1年間の営業キャッシュフローに相当します。「EV/E

BITDA倍率」は、株価時価総額にネット有利子負債（有利子負債から、すぐにキャッシュにでき得る現金・預金などを差し引いた金額）を加えた企業価値「EV（Enterprise Valueの略）」をEBITDAで割った数値です。EVは、M&Aのときにその企業を買収するのに必要なコストの目安にされることが多く、EVをEBITDAで割ったEV／EBITDA倍率は負債を含む企業の完全買収コストの回収にかかる年数を示し、値が小さいほど割安であると評価します。

M&Aを行なう目的も、突き詰めれば「投下資本の価値を最大化すること」です。自分の元手とアザーピープルズ・マネーを使って有望な企業を買収し、買収後は経営を行なってその企業の価値を最大化していく。そしてもっとも企業価値が上がった段階で、エグジットすることで、買収に要した自分の元手に対するリターンを最大化させるのです。

そのため、「買収後に企業価値を高めることができるかどうか」という点が、買収の可否を検討する際には重要となり、その判断をするための指標が「EBITDAのキャッシュフロー」と「EV／EBITDA倍率」なのです。

対象企業の過去の業績のレコードを振り返ってみて、毎年どれだけのEBITDAのキャッシュフローを上げているか。また、買収後の諸条件を考慮したうえで、そのEBITDAのキャッシュフローを維持もしくは向上させることができるか。さらに、現状のEB

ＩＴＤＡを維持できた場合、何年で買収に要した資金を回収でき、利回りを生むことができるのか。私は、ＥＢＩＴＤＡのキャッシュフローやＥＶ／ＥＢＩＴＤＡ倍率を見て、こうしたことを総合的に考えて投資の可否を決めています。

逆に言えば、その企業がどれだけ将来有望そうな事業を展開していても、株価が低迷して買収しやすそうでも、自社の事業と合わせることでシナジーを生みそうでも、「ＥＢＩＴＤＡのキャッシュフローが十分でなかったり、維持できないような企業や事業」には投資をしない、ということです。なぜなら、「ＥＢＩＴＤＡのキャッシュフローが維持できない」とは、イコール「買収に要した資金を回収できない」ことであり、それは「自分の元手を損なうこと」にもつながっていくからです。

ＥＢＩＴＤＡのキャッシュフローが維持できるかどうかは未来の話なので、１００％確実に予測することは困難ですが、対象企業の過去のトラックレコード（業績）を見れば、ある程度は予測することができます。ただ、ファッション関連やＩＴ関連のビジネスについてはそのときどきのトレンドに左右されたり、移り変わりが速いので、過去のレコードがあまり当てになりません。そのため、ファッションやＩＴ関連の企業や事業への投資は「怖くて（リスクが高すぎて）できない」というのが私の実感です。

現在、われわれが大黒屋を中核的な存在と位置づけてグループ経営を続けているのも、ＥＢＩＴＤＡという観点から見ることで、よりご理解いただけるのではないかと思います。

第１章でもお話ししたように、大黒屋はもともと過去10年間にわたって毎年およそ25億円の安定したキャッシュフロー（ＥＢＩＴＤＡ）を生み続ける、極めてキャッシュリッチな会社でした。その25億円のキャッシュは、質の金利や中古ブランド品の高い在庫回転率によって生み出されていたので、買収後も同じように経営をすれば確実にＥＢＩＴＤＡが維持できるだろうという予測も立ちました。

一方、２００６年当時、同社の買収価格（企業価値）は１６５億円を見込み、ＥＶ／ＥＢＩＴＤＡ倍率は6倍強と当時としては適正な数値の範囲内でした。買収資金は55億円をエクイティで、１１０億円を金融機関からのデットで調達。エクイティ55億円のうち35億円は、私が特定目的会社を通じて出資したお金、すなわち自分の元手になります。

なお、現在のM&A市場の相場に照らすと、大黒屋単体の価値としては第１章にも書いたとおり、ＥＢＩＴＤＡ×12－ネットデットという計算で、２６０億円から３５０億円程度になり、もともとの自分の元手である35億円が7倍～10倍になった計算になります。

本章の前半で「香港華僑から『キャッシュ・オン・キャッシュリターン（ＣＣＲ）を重視するように』と教えを受けた」と書きました。ＣＣＲは「キャッシュフロー÷自己資金

×100」で計算します。より少ない資金で、より多くのキャッシュフローを得られれば、自ずとCCRは高くなります。35億円の元手を使って、キャッシュフロー25億円の企業を買うのは、CCRから見てもかなり効率のいい買い物でした。

つまり、質業や中古ブランド品ビジネスによって生み出される「高いEBITDAのキャッシュフロー」に将来性を感じたため、私は大黒屋を買う決断をしたのです。買収後も「どうすればEBITDAを高められるか」という視点が常に経営の判断のベースになっています。

企業への直接投資やM&Aにおいて、EBITDAのキャッシュフローというのはそれほど重要な判断指標なのです。

自分の運命を自分で握るため、ハンズオンで経営する

香港華僑からは「自分で自分の運命を握れない投資はしない」ということも繰り返し教えられました。

「自分で自分の運命を握れない投資」とは、たとえば証券投資を指します。証券投資では、投資した自分の元手が増えるか減るかは、株式や債券を買った企業の業績次第、すなわち

で買収に応じてしまっていたのです。

ただ、そうして株式や債権を売却された企業の中には、債務超過に陥ってはいるものの、適切な資金投入をすれば、10％以上の投資利回りを生むような〝隠れ優良案件〟も数多くありました。株式や不良債権をディスカウント価格で外資に売るのではなく、上場企業やキャピタルマーケットから資金を集めて対象企業をうまくリストラクチャリングすれば、もっと効率的に不良債権の処理もできたのです。

しかし、その当時、日本ではファイナンスや投資の考え方がまったく定着しておらず、日本企業が安く買い叩かれる状況に対して何の手立ても講じることができませんでした。

当時、私は森電機の社長として日本で投資事業を行なっていました。２００５年にみずほ銀行からサクラダ支援の話が持ち込まれ、そのメインスポンサーとなったことはすでにお話ししましたが、私がサクラダを支援することを決めた背景には、右のような国内状況に対して、ファイナンス理論に基づいた新しい不良債権処理の手法を日本のキャピタルマーケットに提示できればという思いが実はあったのです。

サクラダ支援では、まだ日本でＬＢＯのことが正しく理解されていなかったこともあり、さまざまな風評が流されたりもしましたが、私としては「自分は企業経営の王道、ファイナンスの王道をやっている」という自負がありましたし、その気持ちはいまも変わっていません。

経営は総合格闘技

前章で、現在の大黒屋グループについて「やっとグローバルで戦うためのピースが揃った」「それぞれのピースを精緻に組み合わせ、発展をさせていけば、目標を達成できる」と書きました。大黒屋を構成するさまざまなピースを粘土細工のようにこねたり、つなぎ合わせたりして企業経営を行なっていくときの指針となるのも、ファイナンスの理論です。

企業経営の根幹にあるのは、資本政策や事業計画です。その政策や計画に基づいて、事業や資金の動きをコントロールして、最終的に「株主価値の極大化」という目的を達成することが、経営者に課せられた役割なのです。

ただ、当たり前の話ですが、ファイナンスだけでは経営はできません。根幹である資本政策や事業計画を実行するためには、アカウンティングやファイナンスはもとより、「HR（ヒューマンリソース）」「マーケティング」「オペレーション」などの多様な経営スキルが必要になります。近年ではＩＴの劇的な進歩・普及に伴い、「デジタルマーケティング」

も企業経営における重要なパーツになっています。

規模の大きな会社であれば、それぞれの分野ごとに専任の役員を置いたり、外部のプロフェッショナルに頼ることもあるかもしれません。とはいえ、トップは彼らに丸投げしているだけではダメで、やはりそれぞれの専門分野について担当役員や外部の専門家と対等に話ができるくらいの知識やスキルは身につけておかなければなりません。

また、中堅企業、中小企業であれば、トップ自らがそうした専門分野を担わなければならないことも多いでしょう。

大黒屋グループもそうです。たとえば昨年（2017年）、給与体系を変えて、全社員の給料を1割5分ぐらい上げて、代わりに賞与の金額を下げたのですが、そうした人事面での施策も私自身が考えて実行しました。マーケティングについても、オペレーションについてもかなり細かいところまで私自身が見て判断をしています。

経営に必要な各分野に深く精通し、プロフェッショナルにならなければ、全体を統括する経営者の役割は果たせません。私がよく「企業経営は総合格闘技である」と言う所以もそこにあります。企業経営とは、ありとあらゆる専門スキルの集約です。ファイナンスも、マーケティングも、ヒューマンリソースも、オペレーションも、経営に関するすべての専門スキルを身につけたうえで、それらを有機的につなげていく。それができてはじめて企業経営ができるのです。

国内外のビジネススクールでは「ヒューマンリソース」「マーケティング」「経営戦略」「アカウンティング」「ファイナンス」「オペレーション」「ブランディング」などの授業が並んでいます。私自身、コロンビア大学でＭＢＡを取得したときには、そうしたことをひととおり学びましたが、正直に言えば、当時はそれらをどう使えばいいのかイメージはできていませんでした。実際にゴールドマン・サックスでＬＢＯファイナンスを担当し、香港の事業投資会社では会社経営に携わり、大黒屋グループの経営に陣頭指揮を執って関わっているいまだからこそ、それらの知識やスキルが会社経営に不可欠なパーツであると身をもって実感できています。

自分の元手、つまり株主資本に対するリターンを最大化するには、「どんな企業や事業に投資するか」や「アザーピープルズ・マネーを使って、どのようにレバレッジを効かせるか」など、いろいろ考えなければならないことがありますが、最終的には「投資した企業や事業の経営にハンズオンで関与すること」に行き着きます。経営の指針となる資本政策や事業計画を決める軸となるのがファイナンスであり、その政策や計画を実行するには右に述べた多様な専門スキルが必要になります。

これまで、香港証券取引所メインボード、東証一部、東証二部と各取引所に上場する企業の代表として延べ30年以上務めてきましたが、企業経営の最前線に立ち続けて、つくづく感じるのは「企業経営には学ばなければならないことは多いし、そのためには途方もない時間がかかる」ということです。

幸いにして私は好奇心が旺盛で凝り性な性格でもあるので、時間を捻出してはそれぞれの専門スキルのことをかなり勉強してきました。おかげでいまの自分、いまの大黒屋グループがあると思っています。

本書を読んでいる若い読者の方々には、「総合格闘技」としての企業経営ができるようになるために、できるだけ早く勉強を始めたり、海外のビジネススクールなどの学べる環境を探して身を置いてほしいと思っています。

第3章

グローバルなディールはポーカーゲーム

こうした話が進んでいるのも、ＣＩＴＩＣ側のニーズに対して、大黒屋側がメリットを提供できているからだと思います。この提携におけるＣＩＴＩＣ側の最大の狙いは、大黒屋グローバルを通じた海外企業の買収です。

かつて中国企業の対外直接投資は、中国政府の意向を反映して資源関連の企業に集中していました。ところが近年は、自社の競争力を向上させるために技術やブランドなどの戦略的資産の獲得に移行しています。海外のマーケットで有望な資産をいち早く獲得するには、グローバルな競争相手たちに先んじて情報を収集し、動く必要があります。

そのときに中国人経営者にとって足かせになるのが、政府による海外渡航制限です。ＣＸＢの経営陣でさえ、パスポートを国に預けているため、商用で海外に出る許可を得るために３ヶ月程度かかります。中国という国は、中国企業がグローバルな対外直接投資や企業買収を活発に行なっているにもかかわらず、本質的な部分では国際化が十分に進んでいるとは言い難い状況なのです。中国経済が世界を席巻する勢いを持ちながら、海外に中国企業の現地法人や支店が少ないのもそのためです。たとえばロンドンには、中国四大商業銀行のひとつである中国銀行（Bank of China）の大きな支店がありますが、それ以外の銀行は小さな支店しか持っていません。

ＣＩＴＩＣは、投資に充てる資金は膨大に持っています。だから本来であれば、自ら海外の有望な企業に直接投資して、１００％支配下に置きたいところでしょう。ただ、海外の有望な企業を見つけ、効果的な投資を行なうノウハウや、海外を飛び回れる自由な環境がありません。彼らには、自分たちの資金を最大限に活かしてくれる、信頼できるパートナーが必要でした。そこで大黒屋グローバル、厳密に言えば、私やシン氏に目をつけたのです。

また、ＣＩＴＩＣは、ＣＸＢの香港上場も視野に入れているようです。上場後はもちろん株価を上げていく必要がありますが、ＣＸＢのようなノンバンク企業では株価を上げることが困難です。いかに上場し、株価を上げていくか。そのスキームに関しても、私からＣＩＴＩＣ側に提案をしています。そうした提案ができるのも、私が香港の事業投資会社時代に数々の香港上場を経験しており、「どうすれば上場の審査を通るか」「どうすれば香港市場で株価をつけることができるのか」などのことがわかっているからです。

天下のＣＩＴＩＣが自分たちのメンツを脇に置いて、信黒屋での対等な合弁比率や、ＳＢＯへの30％の出資など、どちらかと言えば大黒屋グループにとってメリットのある提携関係を結んでくれているのも、長年グローバルマーケットで直接投資やＭ＆Ａ、出資企業のＩＰＯ（新規公開株）などにハンズオンで関わってきた私やシン氏が大黒屋グループにいるからでしょう。

大黒屋グループとCITICとの提携や信黒屋の展開について、会議のたびに侃々諤々の議論をしていますが、最終的には私の意見を尊重し、かなりの部分で信頼して任せてもらえています。

そうしたCITICやその幹部たちとの関係性こそ、第1章で述べた「大黒屋グループの5つのピース」がグローバルで戦うための武器になっている証左だと私は思っています。

固定概念を捨て、異文化を知る

では、相手の手の内や思惑を読み、ニーズを見極め、グローバルビジネスにおけるポーカーゲームを勝ち抜ける人材になるためには、どのような経験を積み、どのような知識やスキルを身につければいいのか。

そのひとつが「異文化を知る」ということです。

当たり前の話ですが、グローバルビジネスとは、日本人とは異なる背景——国籍、文化、宗教、ワークスタイルなど——を持つ多種多様な〝異文化の人たち〟を相手に交渉や取引をすることです。生まれ育った国や文化が違えば、当然、自分たち（日本人）とは異なる価値観や常識、商習慣を持っています。

そうした異文化の人々とビジネスをするには、彼らのことをよく知り、受け入れていく必要があります。もし自分と相手の考え方や価値観がまったく異なる場合は、ときには自分の過去の常識や成功体験を捨て去ること、つまり自己否定をしなければならないこともあるかもしれません。日本での常識や成功体験にとらわれていたら、グローバルビジネスなんてできません。

「異文化を知る」という表現は少し抽象的に聞こえるかもしれませんが、要するに「日本以外の国、自分とは異なる人々について、あらゆることを知る努力をする」ということです。


たとえば、私はSFLグループとの仕事のためにロンドンに赴くときは、キャリーバッグの中にイギリス史などの歴史書や、西洋美術や宗教に関する本を何冊も詰め込んで、飛行機の中や現地のホテルで読んでいます。中国に行くときも同様で、歴史、文化、政治など中国に関する本を手当たり次第に読み漁っています。その国の歴史や文化は、ビジネスには直接的に関わりはないのですが、そうしたものがイギリス人や中国人の価値観や考え方に影響を与えていることはたしかなので、私はいまもそうやって本を読んでは勉強しています。ほかにも、GDPなどのデータを通して見えてくるその国の経済状況や、法制度や商習慣、さらにはそれぞれの国の人々の気質や行動パターンなど、本当に〝ありとあらゆること〟を知る努力をしています。私にとって「相手を理解する」とは、そういうことなのです。

異文化を知るためにもっとも手っ取り早い方法が、異文化の中に飛び込むことです。飛び込んで、多くの人たちと交われば、きっとさまざまな「なぜ?」に直面するはずです。

「この人は、なぜそんな発言や行動をするのだろうか」

「なぜ、私に対してそんな態度を取るのだろうか」

そんな疑問が浮かんできたとき、それを棚上げしたり、スルーするのではなく、突き詰めて考えてみることです。異文化を知るには「自分とは異質なものに接して考える」ということ以外に方法はありません。

また、異文化に触れるときのスタンスとして、固定概念や先入観を持たず、自分の考え方を常にニュートラルな位置に置いておくこともポイントです。そうすることで、異質なものに接したとき、抵抗感なく受け入れたり、相手をよく知ることができます。こうしたことを、ただ頭の中で考えるだけではなく、異文化に触れる実践を通じて体得していくことが重要です。

世界は多様な価値観や考え方、常識やルールにあふれています。しかも、それらは時代とともに変化していきます。そうした環境でビジネスをするのであれば、自分自身も柔軟に変化して更新していかなければなりません。そのためには、固定概念や先入観は足かせでしかないのです。

私自身、これまでにアメリカ人や中国人、インド人やユダヤ人などさまざまな国籍の方たちと一緒に仕事をしてきましたが、そのつど「この人たちはどんな考え方をして、どういうものの見方をしているのだろうか」「どういう行動パターンがあるのだろうか」と常に柔軟に考えてきました。

異文化の中に飛び込み、考え続けていれば、やがてその国や地域、そこで暮らす人々に関していくつかの傾向やパターンが見えてきます。

たとえば、ゴールドマン・サックスの本社があるニューヨークは、アメリカの中でも特に論理性を重視する人々が集まっている地域だと私は感じました。また、アメリカは自由で開かれた国ですが、金融や企業経営は限られたプロフェッショナルな世界です。

いまは雰囲気が変わってきているかもしれませんが、私がいたころの90年代の香港には真の自由があふれていました。ビジネスをするときには、その人の国籍や出自、経歴は一かと思います。私自身もそうでした。ジェントルマンという言葉から湧いてくる人物像は、礼儀正しく、人にやさしく、真面目で、正直で、誠実……といったところでしょうか。しかし、そのイメージのままイギリスでビジネスをすると必ず失敗します。

まず何より、イギリスには世界中からお金を効率的に集めるシステムが社会全体に行きわたっています。それは旧大英帝国時代から続くイギリスの伝統的な文化と言えるものかもしれません。旧大英帝国の歴史は、世界中に点在した植民地からの搾取の歴史です。その歴史がいまのイギリスにも、法律やインフラ、商習慣や人々の価値観として息づいているのです。

たとえば、SFLグループの買収や経営統合の過程で、現地の経営者や弁護士、会計士などと話をしましたが、彼らの言い分をすべて受け入れていたら、彼らに美味しいところだけを持っていかれて、まともな企業経営などできないのではないかと思います。買収後に経営を任せたS氏が「所有と経営を切り離す」「経営は自由にやらせろ」と当たり前のように主張してきたことは、そのいい例です。表立って騙したり、嘘をつくわけではないけれども、商習慣や法律、人々の価値観として、国際的にお金をむしり取るような弱肉強食のシステムが社会に浸透しているのです。

イギリス人には、陰湿で狡猾なところもあります。たとえば、SFLグループの買収では、交渉をして契約を締結したあとに、裏で会社を操作して少しでも自分たちに有利な状態にしようと画策していました。もちろん法律に反したことはやりません。彼らは、合法的な範囲内でモラルに反したことをやるのです。こちらとしても契約後に会社をいじられては迷惑極まりないので、最後の最後まで油断ができませんでした。

また、彼らから送られてくるメールにはときどき〝トラップ〟が仕掛けられていて、うっかり流し読みしてしまうと、あとあとトラブルの原因になったりします。

たとえば、SFLグループの社内で人事に関する問題が起こったとき、従業員から訴えを受けた顧問弁護士が私宛にメールを送ってきました。会社としては不当なこと、法律に反することはやっていなかったので、当然、その顧問弁護士もわれわれ経営陣の側に立ってくれるものと思っていました。ところが、そのメールを細かく読み込むと、さりげなく「自分は彼（従業員）に賛成する」という言葉が3回くらい出てきているのです。もしそのメールをざっと読むだけでスルーしていたら、きっと顧問弁護士は従業員側に立ち、「私はメールで自分の意見を書きました」「あなたもご覧になっているはずです」などと言って、問題が大きくなっていたはずです。

イギリス人とやりとりをしていると、そうしたトラップがあちこちに仕掛けられ、うっかり見逃してしまうと彼らの都合のいいようにやられてしまうわけです。ＳＦＬグループの買収から数年が経ち、私もだいぶ慣れはしましたが、それでも油断はできないというのが正直なところです。

修羅場の経験を積んでおく

グローバルビジネスのポーカーゲームを勝ち抜くには、若いうちに「修羅場の経験をできるだけたくさん積んでおく」ことも大切です。くぐり抜けてきた修羅場の数が多ければ多いほど、緊張を強いられる交渉の場でも腹が据わり、冷静に状況を分析したり、自分が有利になるような大胆な一手を打つこともできるようになります。

私自身、これまでに数多くの修羅場を経験してきました。

ゴールドマン・サックス時代には、パートナーに直談判して、20億ドルのファンドを担当させてもらったことがあります。そのファンドは、もともとゴールドマン・サックスがシティバンクと手を組んでやっていたのですが、1年くらいかけても資金を集めることができなかったものです。そのためかなりハードルの高い仕事だったのですが、私はバブル絶頂期にあった日本の銀行の友人たちに手当たり次第に声をかけて、彼らの協力のおかげでわずか1ヶ月でファンドを組成することができました。このときは、20億ドルのうちのほぼ全額が日本の金融機関からの出資でした。

その実績を買われて、その後に参加させてもらったのが、1989年の、LBOとしては当時史上最高額の250億ドル（当時のレートで約3兆円）での企業買収となったRJRナビスコを巡る買収合戦です。主にRJRナビスコCEOのロス・ジョンソン陣営と投資ファンドのKKR（コールバーグ・グラビス・ロバース）のヘンリー・グラビス陣営によって争われていたこの買収劇に、ゴールドマン・サックスは第三の勢力として参戦し、私を含めた担当チームはわずか1週間で250億ドルのファイナンスを組むことを要求されました。いま振り返っても、それは一生にあるかないかの大仕事でした。

ゴールドマン・サックスでそうしたタフな仕事をこなすことができたのは、さかのぼれば大学卒業後に入社したトーメンでの経験があったからだと思います。トーメンでは石油事業を担当し、電話一本で5000万ドル、タンカー1隻分の石油の買取などをさせてもらっていました。そうした経験があったからこそ、ゴールドマン・サックスでも巨額のお金をやりとりすることへの恐怖心がなく、大胆に行動できたのだと思います。

ひとつの修羅場をくぐり抜けることで、次にもっと大きな修羅場に遭遇したときに怯《ひる》まず、思い切った行動が取れるようになる。そしてその経験が、さらに次の修羅場を乗り越える力になる。そうやって修羅場の経験を蓄積していくことで、人はどんどん成長をしていけるのです。

日本が抱える人材育成の課題1「若手への権限委譲ができない日本企業」

ゴールドマン・サックスや香港の事業投資会社での私の経験はかなり極端でレアなケースかもしれませんが、やはりグローバルで活躍できる人材になるには、若いうちからさまざまな修羅場を経験しておくことは必須です。

修羅場としての仕事は、タフであればあるほど、不確実であればあるほどいい。たとえば、新たに立ち上げた事業や業績が伸び悩んでいる既存事業の責任者などでしょうか。そうしたタフな仕事に就いた人間はきっと、慣れない環境に適応しようと努力したり、限られた人材や資金などを苦労しながらやりくりして、何とか成果を出そうとトライ&エラーを繰り返すはずです。結果を出すために必死になって考えて行動するプロセスを経て、人は大きく育っていきます。

経営者の観点から言えば、自社内でグローバル人材を育成するには、有望な若手社員に対して早い段階から修羅場経験ができるような場を与え、かつその仕事に対しての権限を与えなければなりません。信黒屋の立ち上げや運営のため、私が日本から若手社員数名を中国へ連れていき、それぞれに責任ある仕事を任せているのも、それが彼らにとっての修羅場になることを期待しているからです。

ただ、こうした「若手への権限委譲」は、日本企業がもっとも苦手としていることのひとつなのではないでしょうか。

一般的な日本企業の場合、依然として「終身雇用」「年功序列」という慣習が根強く残っています。それゆえ、若い世代を責任ある仕事に抜擢することを躊躇したり、リスク回避の観点から経験が浅い若手を難しい仕事にアサインするのを避けようとします。

日本の大企業によく見られる、さまざまな職種を幅広く経験させるジョブローテーションも、企業内にジェネラリストを増やすのには有効ですが、グローバル人材の育成の観点から言えばマイナスです。

海外ビジネスを成功させるには、それまでに踏んできた修羅場の場数がものを言います。失敗を重ねながらも、それを糧にしながら徹底的に経験を積んでいくことが重要なのです。

「人事異動をしても、企業として経験の蓄積・継承ができていればいいのではないか」という意見もあるかもしれませんが、グローバル人材の育成においては特定個人にターゲッたとえばM&Aの価格交渉では、常に相手の手の内（提示してくる条件や言動の背景や思惑など）を読みながら、こちらが有利になるようにカードを切っていかなければ、自分たちの希望どおりの金額での買収はできません。

担当者を置き、その人間に交渉の実務を任せてしまうと、伝言ゲームのようになってしまい、経営者は交渉相手のタッチを正確に把握することが難しくなります。相手のタッチがわからなければ、こちらも適切なカードを切り、交渉を有利に進めていくための判断を下すことができません。経営者の仕事は多忙であるため、すべての交渉に立ち会うことは現実的に困難かもしれませんが、「ここぞ！」という重要な交渉事には必ずトップがハンズオンで関わるべきです。

繰り返しになりますが、交渉において重要なのは、相手を知ることです。しかもグローバルなディールでは、交渉相手は日本人とはまったく異質の背景、価値観を持つ外国人です。こちら（日本人）が当たり前だと思っているやり方、考え方はたいてい通用しません。だからこそ、自分が直接対峙して、やりとりをすることが大事なのです。直接やりとりして相手のタッチがわかれば、それに応じて有効なプレゼンを組み立てることができますし、場合によっては交渉中に臨機応変に条件を変えていくことも可能です。経営者は常に現場感覚を持つことが重要です。

実際、SFLグループの買収交渉も、CITICグループとの合弁の交渉も、私が直接イギリスや中国に出向き、ひとりで行ないました。

日本の企業の場合、交渉の実務は担当者や外部のアドバイザーに任せて、経営者は逐一報告を受けて指示を出しつつも、実際にテーブルに着くのは最後のサインのときだけ、という進め方が一般的です。間に入る担当者やアドバイザーに全幅の信頼を寄せているのであれば、そのやり方でも問題はないかもしれません。しかし私は、自らが交渉のテーブルに着いて相手のタッチを直に把握しなければ、怖くて交渉を進めたり、判断を下すことはできません。

あらゆる知識や情報を貪欲に勉強する

グローバルビジネスのポーカーゲームを勝ち抜くための最後のカギは、当たり前すぎる話ですが、「貪欲に勉強すること」だと思います。

グローバルビジネスで対峙する相手は、誰もがその道、その分野の超一流のプロフェッショナルばかりです。そんな相手と対等に議論をして交渉を進めるための知識や情報は、勉強し続けることでしか得られません。

勉強するときのひとつ目のポイントは、**「分野を限定せず、幅広い知識を身につけること」**です。

先日、自宅の整理をしたとき、若いころに読んだ金融に関する専門書が２００冊ぐらい出てきました。私はゴールドマン・サックスではＬＢＯファイナンス担当でしたが、それ以外の金融分野の本も手当たり次第に読んでいたのです。

私の経験から言えば、勉強するときは、広く、深く、あらゆることに興味を持って知識を吸収していくことが大切です。すべての分野に関して一気に知識を増やしていくことは難しいかもしれませんが、一つひとつの分野ごとに「自分はその分野のトップになる」という気概を持って貪欲に勉強していけば、徐々に自分の守備範囲を広げていくことができます。20代、30代の若いうちからそうした貪欲な勉強を意識して行なっていけば、40代、50代になったときには自分の得意分野や専門分野はもちろん、そのほかの分野でも人の上をいく知識を持てるようになります。そうした多様で高度な知識が、グローバルな取引や交渉でさまざまな分野のプロフェッショナルたちと渡り合い、企業経営をしていく武器になるのです。

私自身、これまでそうやって勉強を続けてきたつもりです。20代のころは商社に入って、日本的なビジネスを徹底的に学びました。その後、コロンビア大学で経営について学んだのち、80年代のゴールドマン・サックスでM&Aファイナンスを、90年代の香港の事業投資会社時代に企業への直接投資や企業経営について学びました。

勉強は、いまも続けています。近年は、大黒屋グループでAIを駆使したECビジネスを展開し、IT企業の経営者や技術者と話をする機会が多いので、彼らと対等に議論ができるように最先端のテクノロジーに関する専門書を読み漁っています。さまざまなシステムのプログラムは、優秀な技術者たちが書いてくれるのですが、経営の舵取りをする私自身が「どのようにプログラムを書くのか」がわかっていなければ彼らと話ができないため、必死になって勉強をしているのです。

今後、中国ビジネスが本格化していくのに向けて、中国語も週4回のプライベートレッスンを受けています。香港の事業投資会社にいたので、もともと中国語は何を話しているかくらいはだいたい推測できたのですが、CITICグループの人たちとストレスなく同じレベルで議論ができるように勉強を再開したのです。

私は元来好奇心旺盛で、何事にも興味を持ち、あらゆるジャンルの本を読んできました。凝り性なところもあるので、それぞれの知識を掘り下げることも苦ではありません。そうした性格が、結果的にはグローバルビジネスで勝負をするうえでプラスに働いているのだと思います。

2つ目のポイントは、「**多言語のメディアからダイレクトに知識を吸収すること**」です。近年、デジタルテクノロジーの劇的な進化によって、世界で知識や情報のフラット化が進んでいます。多様な言語のメディアにアクセスできる人は、それぞれの言語メディアから最先端の知識や情報を瞬く間に集めることができます。逆に日本語のメディアしか読んでいないと、グローバルな情報や知識の収集はダイレクトに情報をとっている人に比べて圧倒的な遅れをとることになります。先日も日本の某紙が、海外のメディアではすでに報じられていたニュースを、ずいぶん遅れて取り上げているのを目にしました。

グローバルで勝負をするには、スピードは最重要課題のひとつです。そのスピードを生むには、多言語のメディア、少なくとも英語と中国語のメディアぐらいはダイレクトにアクセスし、最先端の知識や情報を得られるようになっておかなければなりません。

知識は思考と実践が伴ってこそ、自分の血肉になる

多言語メディアから幅広い知識や情報を得ることができたら、自分なりに咀嚼をして、実際に自分の仕事を通じて使ってみてください。この「自分自身で考えて、実践すること」が、勉強をするときの3つ目のポイントになります。

どれだけ幅広く膨大な知識や情報を得ようが、それらは所詮、知識や情報の集積に過ぎません。本当の意味で「グローバルで戦うための自分の武器」には、まだなっていないのです。特に近年はテクノロジーの進化によって、さまざまな知識や情報を容易に得ることができるようになりました。そのこと自体は悪いことではないのですが、知識や情報を集めるだけで終わってしまい、「わかったつもり」になっている人は、結局いざというときにその知識や情報を有効に使うことはできません。

知識や情報を吸収したら、必ず自分の頭で咀嚼をしてみる。たとえば、ある大型取引が成立したというニュースに接したら、「なぜ、こうしたことが起こったのか」「背景にはいったい何があるのだろうか」「両者の狙いは何だろう」と徹底的に考えてみる。そうすることでその知識や情報はより深まり、自分の血肉になっていきます。

さすがにグループ全体の出入金業務を私自身が行なっているわけではありませんが、定期的に出入金の一覧をチェックして、お金の流れを把握しています。大口の出金については、私自身が稟議書の時点で1回目の確認を行ない、その後、一覧で確認をするという、ダブルチェック体制になっています。また、小口現金の出入に関しても1万円単位で見て、もし不明な経費などがあれば、担当者に「これは、どういうお金?」と問い質しています。

会社の印鑑を経理に預けるようになったのもつい最近のことで、帳簿の電子化に対応するためです。それ以前は印鑑は私自身が管理して、必要な書類には私が自ら押印していました。

出入金の管理は、国内のみならず、イギリスのSFLグループでも行なっています。現地の役員や社員は、これまでそんな細かい資金管理をされてこなかったので、「そこまでやる必要はあるのか?」「小川は細かすぎる」とみな驚いています。

トップが会社のお金の流れを逐一把握できていることのメリットは、ひとつには事業の流れがわかることがあります。また、社員の誰がどういう目的でいくら使っているかが詳細にわかるのも、会社経営をするうえで大きなポイントです。社長自らが目配せをしていることで、横領などの不祥事を未然に防ぐこともできます。こうした資金の流れをチェックすることはハンズオン経営の基本だと考えています。

社員たちにとっては、会社のお金は所詮〝他人の金〟です。こちらがどれだけ口を酸っぱくして「経費を削減しろ」「無駄な出金を減らせ」と注意しても、自分の財布が痛まない金だと、つい使い方が雑になります。最初は1万円、2万円レベルかもしれませんが、小さなところでお金を正しく使えない人間は、大きなお金を動かすときも雑に動かします。そうなると事業がうまくいかなくなったり、会社の経営にも影響を及ぼします。そうした大きなトラブルに発展する前に、社員一人ひとりのお金の使い方をチェックすることで、早めに手を打つことができるのです。

私はゴールドマン・サックスでも香港の事業投資会社でも金融業に携わってきたので、人からは「金融屋」だと思われがちです。実際、企業買収や投資をする際には、金融屋のイメージどおり、何億円、何十億円という巨額のお金を集めて動かします。ただ、一方で企業経営者としての顔もあり、そちらでは極めて細かいお金の管理をしています。たぶん上場会社の社長で、私ほど細かく会社のお金の流れをチェックしている人間はいないのではないでしょうか。

数万円単位の細かい出入金までチェックするのは、たしかに手間がかかります。「やりすぎ」もしくは「そこまで見る余裕がない」とおっしゃる方もいるでしょう。けれども、細かくチェックをすれば、必ずお金の使い方でマズいところが見えてきます。そういう細部を一つひとつ正していくことで、経営の透明性が増して健全化していきます。

会社のお金はすなわち「自分の元手」であり、自分の元手を増やすために一時的に預かっている「アザーピープルズ・マネー」です。だからこそ、横領や無駄遣いは絶対に回避しなければならないし、会社のトップが責任を持って管理しなければならないのです。

社外のアドバイザーは必ずしも味方ではない

前章で「M&Aの交渉などは人任せにせず、必ず自分が交渉のテーブルに着く」という話をしましたが、それは相手のタッチを自ら把握するためであるとともに、人的なリスクを管理するためでもあります。ここでいう「人」とは、社外のアドバイザーです。

海外企業のM&A交渉を行なう場合、現地のアドバイザーを使うことが多々あります。海外ビジネスに慣れていない日本人の方は、「アドバイザーはこちらがお金を払って雇っているんだから、当然、味方になってくれるはず」と何の疑いもなく信じてしまいます。また、アドバイザー自身も「私はあなたの味方であり、あなたの利益のためにアドバイスをします」という顔をします。

しかし、そんなアドバイザーの言葉を鵜呑みにしてはいけません。なぜなら、彼らは必ずしもこちらの味方ではないからです。

彼らが受け取るのは、たいていの場合は成功報酬です。交渉がまとまらなければ、十分な報酬を受け取ることはできません。それゆえ、彼らは自分の利益を最大化するべく、買収交渉が成立するような方向で理屈をこね、アドバイスをしてきます。彼らにとっての最優先事項は「買収交渉の成立＝成功報酬の獲得」であり、買収後にどうなろうが知ったことではありません。仮に買収後の経営統合がうまくいかなくても、「それはあなた方の責任であり、われわれは関係ありません」というスタンスです。

ＳＦＬグループの買収のときにもデューデリジェンスのためにアドバイザーを雇いましたが、彼らには何度も評価の見直しを要求し、ＳＦＬグループの組織や財務の状況、経営上のリスクの調査を徹底してやってもらいました。さらに、最終的な判断は決してアドバイザー任せにせず、必ず自分でもさまざまな資料に目を通して検証を行ないました。疑問点や不明点があれば、何度でも調べさせました。

海外企業のＭ＆Ａでは、現地のアドバイザーを使わざるを得ない場面がたしかにあります。時間と労力のかかるデューデリジェンスには彼らのサポートは不可欠ですし、国ごとに異なる法律や商習慣に関するアドバイスは有用です。注意しなければならないのは、あまりにもアドバイザーに依存するあまり、彼らの言いなりになってしまうことです。

それでなくても、海外のアドバイザーは自分の能力や知識を誇示して、「いかに自分は優秀であるか」「十分な報酬を受け取るだけの価値ある仕事をしているか」をアピールしてきます。海外ビジネスの経験が少ない日本人は、そんな言動をつい真面目に受け取ってしまい、彼らの言うとおりに動いてしまいます。しかし、彼らの御託をいちいち聞くのは時間の無駄以外の何物でもありません。

信じきってはいけないという意味では、海外の顧問弁護士も同様です。

SFLグループの経営統合の過程で、買収以前からのCEOであったS氏と揉めたことはすでにお話ししました。彼は、自分が経営の主導権を握るために「所有と経営を分離する」と言い出し、オーナーである私と対立しました。そのS氏の主張を、本来はこちらの味方であるはずの顧問弁護士も支持したのです。私は複数の会社の役員をやっているので、利益相反の問題は極めて重要です。弁護士はガバナンスを理由に「S氏の言うように所有と経営を分けたほうがいい」「そうしたほうが健全なガバナンス体制を構築できる」と私に進言してきました。

顧問弁護士が、裏でS氏をはじめとした経営陣に誘導されているのは明らかでした。それがわかっていたからこそ、私は弁護士に対しても毅然と反論できましたが、裏が読めない人は「弁護士が言うのであれば、相手の言い分にも一理あるのではないか」と言いくるめられる恐れがあります。

結局、社外アドバイザーも顧問弁護士も、表向きは「会社のため」を装っていますが、実際には「自分のため」に動くものなのです。それがわかっていないと、都合よく彼らの口車に乗せられて、会社があらぬ方向へと進んでいってしまいます。

グローバルビジネスでは、こちらが雇っている社外アドバイザーや顧問弁護士といえども、額面どおり信じきってはいけません。彼らに何をやらせるか。どんな情報を彼らから引き出すか。それを決めるのは、われわれ自身です。こちらの利益につながるようにアドバイザーや顧問弁護士に動いてもらうには、われわれの側に彼らを使う力が求められます。

危険な芽は早めに摘んでおく

リスク管理についても、華僑から「危険な芽は早めに摘む」と教わりました。
仕事のパートナーとしてどれだけ優秀でも、どれだけお金や広い人脈を持っていようと

第5章

グローバルビジネスで勝ち抜く

レバレッジゲームは過去のものか

グローバルビジネスはいま、時代の転換点に差しかかり、ゲームのルールが変わりつつあるのではないか――。ここ数年、そんな思いが私の中で強くなってきています。

80年代以降、グローバルビジネスのスタンダードは「レバレッジゲーム」でした。

レバレッジゲームとは、エクイティやデットによって資金を調達し、そのアザーピープルズ・マネーでレバレッジをかけながら投資や起業を行ない、効率的に事業を拡大させて企業価値を向上させていく手法です。第2章でもお話ししたように、その目的は「自分の元手に対するリターンを最大化すること」ですが、同時に投資家から出資してもらったり、銀行から借り入れたアザーピープルズ・マネーを返すこともセットで考えなければなりません。そのため、綿密な資本政策を組み立て、その計画を確実に実行していくことが、企業経営者には求められたのです。

80年代前半にアメリカで始まったレバレッジゲームは、その後グローバルビジネスの主流となり、今日まで行なわれてきました。私が30年以上にわたってやってきたこと――ファイナンスを組み立てて企業や事業を買収・売却したり、国内外のマーケットで企業を上場させたり、さまざまな企業の経営にハンズオンで関与してきたのも、自分の元手やアザー・ピープルズ・マネーに対するリターンを大きくするため、すなわちレバレッジゲームで勝ち上がっていくためでした。

レバレッジゲームでは、投資やM&Aを実施するとき、相手企業の過去のレコード（業績）から将来的に生み出されるだろうキャッシュフローを予測し、エグジット（売却・上場）までの資本政策を策定したうえでファイナンスを組んでいくのが基本的な流れでした。

しかし近年、そうしたレバレッジゲームのベーシックな手法を踏襲していないと思われる投資やM&Aが目立つようになってきたのです。

たとえば、2017年11月にDMMによって実施された、質屋アプリ「CASH」を運営するバンクの買収。CASHは同年6月にリリースされたばかりのサービスで、始まってまだ半年も経っておらず、買収の可否を判断するにはあまりにも過去のレコードが少なすぎます。にもかかわらず、DMMは70億円という巨額の資金でバンクを買収しました。

過去の業績ではなく、「このサービスはいける」という未来の可能性のみを判断材料とした（と傍目には見える）数十億円規模の一点突破の投資です。自分がやろうと思っても怖くてなかなかできません。しかし、世界のビジネスはそうした方向に動きつつあるようです。

グローバルビジネスを俯瞰すれば、世界中のお金や才能がＡＩ、ＩｏＴ、クラウドコンピューティング、ブロックチェーンなどのデジタルサイエンスの分野に集中し、その投下された経営資源を使って新しいサービスが次々と生み出され、ＩＴの世界は劇的なスピードで進化しています。テクノロジーの進化に伴い、グローバルな規模で人・モノ・金・情報のフラット化が進み、知識やお金の移動も瞬時に行なわれるようになりました。


現在のグローバルな投資やＭ＆Ａでは、まず何よりもスピードが重視されています。これから先、レバレッジゲームが完全に終焉を迎えて、グローバルな投資やＭ＆Ａは従来とは異なる新たなルールのもとで行なわれていくのか。それとも一点突破型の投資は一過性の流行に過ぎず、揺り戻しが起こるのか。未来がどうなっていくのかを予測することは困難です。

ただ、グローバルビジネスが変わり続けることは間違いありません。人々のニーズは移り変わり、テクノロジーも日々進化しています。世界各国の経済状況も定常ではありません。社会の構造、お金の概念、企業経営のあり方なども変化して、従来の常識や方法論では通用しなくなっていくでしょう。

では、変わり続ける世界で成果を収めるためには、どうすればいいのか。私が常日頃から心がけていることを、次項以降で解説していきます。

自分の軸は決してブレさせない

近い将来、グローバルビジネスのスタンダードが大きく変わっていくかもしれません。ただ、ビジネスをするうえでの本質的なことは変わらないのではないか、とも思うのです。たとえば、「アザーピープルズ・マネーはちゃんと返す」ということ。

ビジネスを大きくかつスピーディーに進めていくには、自分の元手だけではなく、出資や借入によってアザーピープルズ・マネーを調達することが欠かせません。資金を調達する方法や、出資者や融資者と交渉する方法は、時代によって変わっていくかもしれませんが、「人から出してもらったお金は、必ず何らかのかたちで返さなければならない」ということは、いつの時代も変わらない原理原則であるはずです。お金を出す側としても、返ってくるあてがまったくなければ、そもそも「お金を出してあげよう」という気にもならないでしょう。

近時のスタートアップ企業のM＆Aの事例の中には、スピードを最重視した事例がいくつも見られますが、たしかにそのスピード感は現代のグローバルビジネスの動きに適合しています。いまの時代、将来性のある事業や企業には世界中から瞬く間にお金が集まります。投資をすべきかどうか悩んだり、社内外の調整に時間がかかっていれば、すぐにグローバルな競合に先を越されてしまいます。だからこそ、将来性を感じたら即断即決で投資をするのは、やり方として間違ってはいません。

ただ、私自身は、大黒屋グループのビジネスにおいては、自分の経営の軸、つまりリターンを最大化して返すというファイナンスの基本をブレさせてはならないと考えています。

アザーピープルズ・マネーを返すことを考えると、「とりあえず金を集めて買ってしまおう」「あとのことは買ったあとに考えればいい」という発想はできません。調達の段階で、リターンまでの具体的な計画を考えておく必要があります。計画がなくても、もしかしたら最終的にどこかのタイミングでエグジットできて、アザーピープルズ・マネーを返すことができるかもしれませんが、それは偶然の結果に過ぎません。私もリターンを最大化するためにあえて大きなリスクを取りにいくことはありますが、事前に綿密な資本政策や事業計画を練り、リスク管理を徹底して行なっています。計画なき投資はハイリスクすぎます。それはもはや、ビジネスというよりもギャンブルです。

額は当時、日本企業として過去最大の額でした）をはじめ、傘下の投資ファンドを通じてＩｏＴやＡＩ、ロボット、ライドシェアに関連する企業への投資を積極的に進めています。

わずか35年余りの期間で、これほど急激に成長し、かつ核となる事業を目まぐるしく変えている会社は、日本ではほかに例がないのではないでしょうか。しかも、それが孫正義氏という一代の経営者の下で行なわれているのですから、驚嘆すべきことだと思います。

孫氏は、過去の成功に安住することなく、ひとつの事業に成功したらあっさりと自らの手から放し、自分自身は次の新しい事業に挑戦するということを繰り返してきました。まさに自己否定と創造的破壊の連続です。また、ブロードバンドや携帯電話などの通信事業に参入する際、異業種であったソフトバンクが新たに事業を立ち上げて、ＮＴＴやドコモ、ＫＤＤＩといった既存の巨大企業に立ち向かうのは「無謀」と言われていました。しかし、孫氏とソフトバンクはそうした世の常識や価値観を打ち破って、成果を上げてきました。

さらに孫氏のすごいところは、本業を次々と変えて自己否定を繰り返しながらも、軸がまったくブレていないことです。彼の講演や彼について書かれた本を読むと、孫氏はソフトバンクを起業したときから現在に至るまで一貫して「情報革命によって世界を変え、人類に貢献する」というビジョンを持ち続けてきました。そのビジョンを実現するため、次々と新しい事業に参入したり、国内外のテクノロジー企業への投資や買収を行なっているのです。

いまの日本に孫正義氏という稀代の経営者がいることは、グローバルビジネスを志す若者にとってひとつの希望だと思います。なぜならば、孫氏の存在は、日本人でもたった一代で世界に通用するグローバル企業をつくり上げることができる証左になるからです。

グローバルビジネスで真剣勝負をするには、〝いまの自分〟に安住していてはダメです。時代や人々のニーズの変化に合わせて、ときにはそれまで築いてきたものをぶち壊し、次々と新しいものをつくっていく。そうした自己否定や創造的破壊を繰り返してこそ、グローバルビジネスで勝ち残っていくことができるのです。

もっとも成長できる場にポジショニングする

自分や会社を、その時代、時代で「もっとも成長できる場にポジショニングする」ことも、グローバルビジネスで勝ち抜いていくための絶対条件になります。

このことは前項の「自己否定」「創造的破壊」の話とセットで考えていただくと、よりわかりやすいと思います。もし、いまいる場所にそのまま居続けても将来の成長が見込めないと判断したら、その場所がどれだけ心地よくても、またどれだけ過去において成果を収めていてもノーエモーションで手放して、より成長できる場所、将来性が見込める事業にチャレンジする。その繰り返しでしか、人や会社は成長できないし、生き残っていくことはできません。

大黒屋グループがいま、「ＡＩを使ったキュレーション型のＥＣ」に人材や資金などの経営資源を積極的に投資しているのも、その分野に重点的に取り組むことで将来的に大黒屋の企業価値がもっとも向上すると考えているからです。

ポジショニングの重要性は、個人の成長についても同じことが言えます。

たとえば、私自身のキャリアを振り返ったとき、80年代という大規模なＭ＆Ａや金融取引が相次いだ時代にゴールドマン・サックスというアメリカの金融ビジネスの一角を担う巨大企業で働いたこと、90年代半ばというアジア全体が高成長を続けていた時代に香港の事業投資会社の社長を務めたことによって、自分を大きく成長させることができたし、その時代、時代に学んだ知見や経験はいまの自分の財産になっています。

私の場合、当初から明確な目的意識を持ってゴールドマン・サックスや香港の事業投資会社を選んだわけではなく、結果論的な部分も幾分かはありますが、そのときどきの自分のポジショニングとしてはベストな選択ができたのではないかと自負しています。

個人にも企業にも、将来の成長のために「ここぞ」というタイミングが必ず訪れます。そのときに自分の現状や、時代や世の中の流れを見極めて、ベストな場に自分や会社をポジショニングできるか。

成長できる可能性がない場所でどれだけ粉骨砕身の努力を重ねても、それは時間を浪費するだけです。時間も限りのある資源です。その有限の資源の価値を最大限に高めて、自分や会社の成長につなげるには、「いまの自分（会社）はどこに身を置けば、もっとも成長できるか」ということを徹底的に考え、自分（会社）の進むべき道を自らの判断のもとで選び取っていかなければなりません。

成長できる場の条件とは

では、その「もっとも成長できる場」とは、いったいどんな場所なのか？　たぶん、それはその個人や企業が置かれている状況によってそれぞれ異なるため、一概には言えません。

ただ、いくつかのポイントはあります。

ひとつ目のポイントは「人・モノ・金・情報などが活発に動いているところ」です。

金融の仕事をしていたとき、「マーケットが動いていないところでは、どれだけこちらががんばってもいい仕事はできない」とよく言われました。つまり、時代の流れに取り残されて停滞している場末にいてもダメで、常に自分を最先端の場所、人・モノ・金・情報が集まっている場所にポジショニングしておくことが、自分の成長にも直結するのです。

ここ数年、私は若い社員たちに対して「ＡＩやブロックチェーンを勉強しておけ」「世界のＥＣの動向をチェックしておけ」と口を酸っぱくして言っています。それはそれらの分野がいまの世界の最先端であり、ＡＩやブロックチェーンなどの最新のテクノロジーを学んでおくことが将来の成長に必ずつながるからです。

また、将来海外で勝負をしたいのであれば、早い段階で「グローバルビジネスの現場」に揉まれておくことも大切です。これが2つの目ポイントになります。

海外で自分とは異なるバックボーン——国籍、文化、商習慣、ワークスタイルなど——を持つ異文化の人々を相手に仕事をすることで、自ずとモノの見方や考え方の枠が広がっていきます。できるだけ若いうちに、それまで日本国内だけで培ってきた、日本でしか通用しない常識や価値観をぶち壊してしまったほうがいいと思います。

現在、グローバルビジネスで活躍しているビジネスパーソンの多くも、そのキャリアの早い時期に海外経験を積んでいます。

元JTの副社長で、米RJRナビスコの米国外たばこ事業や英ギャラハー社など数々の大型買収を成功させてきた新貝康司氏は、1980年に日本専売公社（現・JT）に幹部候補の上級職として入社後、製造現場などを経て89年に渡米。以後6年間にわたって、アメリカの新薬・バイオベンチャーとの数々の共同研究開発提携案件を発掘し、社外取締役を務めていたバイオベンチャーが米ナスダック市場に上場するという経験もされたそうです。

新貝氏は、著書『JTのM&A』（日経BP社）の中で、当時のことを振り返って**「企業価値・株主価値向上やコーポレート・ガバナンス（企業統治）という、当時日本ではまだ言葉も定着していなかったことに取り組むという、稀有な経験を積むことができた」**と述べています。そのアメリカ時代の経験があったからこそ、ファイナンスに関しては門外漢であったにもかかわらず（大学院では電子工学課程修了）、帰国後にJTの財務機能の強化のために財務企画部という新たな部署を立ち上げたり、グループ全体の財務を統括するCFOに就任したりと、JTのグローバル化の中心を担うようになっていったのでしょう。

手っ取り早くグローバルビジネスの現場を経験するには、グローバル化を積極的に進めしたいと言うほど日本の風土や文化に深い愛着を持ってくれています。

蔡氏やシン氏との交流は、結果的に私自身の仕事につながっていますが、ふたりと出会い、関係を深めていく中で、「この人と仲よくしておけば、自分にとって利益があるかもしれない」「仕事の人脈が広がるかもしれない」というビジネス上の利害を考えたことは一切ありません。

ただただ彼らに対する興味、「ともに時間を過ごして、いろいろな話を聞いてみたい」という好奇心から交流を続けてきました。きっと利害を考えていたら、10年、20年という長く深い付き合いにはならなかったのではないでしょうか。

こうした自分にとってのかけがえのない人物との利害を超えた深い付き合いは、ビジネスに直結するかどうかは別にして、あなたの世界を広げ、独自の生き方や考え方、人生哲学を築くためのすばらしい糧になると思います。

未来を見据えて、まずはやってみる

海外ビジネスで勝つために、どんな事業で打って出るべきか。その判断は本当に難しいと思います。

大前提として、いつの時代にも当てはまる普遍的な答えは存在しない、ということが言えます。本章の冒頭でも述べたように、世界は常に変わり続け、近年その変化のスピードは加速度的に増しているからです。

変化することが前提の環境にあっては、右の問いの答えを知るには、一人ひとりが世の中の動きや流れを見て、自分自身の頭で考え、「これだ!」と思ったものにチャレンジしてみるしか方法はありません。もしその事業が一定の成果を収めれば、あなたの考えた答え(=事業)は正しかったと言えるし、うまくいかなければ、間違っていたということになります。すべては結果論なのです。

大黒屋のグローバル戦略も、あくまでも現時点での私の選択肢のひとつに過ぎません。経済成長を続ける中国において中古ブランド品の巨大市場が形成されつつあること。また、今後さらに拡大していくだろうグローバルなEC市場で、中古ブランド品の売買に関する高精度な真贋鑑定技術が求められていること。そうしたグローバルなマーケットのニーズに対して、大黒屋グループには中古ブランド品を流通させたり、高い精度で鑑定できるノウハウがあり、「大黒屋の中古ブランド品の買取・販売事業であれば、きっとグローバルで勝負ができるはずだ」と判断したのです。ただ、その判断にしても「いまならば勝負はできる」ということに過ぎず、1年後、2年後にはどうなっているかは正直わかりません。

とはいえ、「答えはやってみなければわからない」では、本書を読んでいるみなさんも満足いただけないと思いますので、以下に、世界に打って出る事業を考える際のポイントをまとめました。

1「未来を全方位的に見る」

マーケットを観察するときは、現状ではなく、3年後、5年後を想像しながら見ています。つまり、「いまではなく、未来を見る」ことが大切なのです。

企業は大きな船みたいなもので、「こっちに行きたい」と舵を切っても、急に方向を変えることはできません。方向転換には、それなりの時間と準備が必要です。

「いま、○○がチャンスだ」と現状だけで判断して行動を起こすと、会社の舵を切って方向転換が終わったときには、すでに時機を失してしまうリスクもあります。だからこそ、未来に照準を合わせて、未来のマーケットに向かって会社をつくっていくことが大切です。

同じ理由で、特定の分野のマーケットだけを見て判断し、行動を起こすと、そのマーケットが予想以上に縮小したり、ほかに有望なマーケットが生まれたときに、すぐに対応することができません。

そのため、全方位的にアンテナを張り巡らせ、成長の兆しがあるところにいち早くポジショニングできる柔軟性を備えておくことを心がけています。

2「チャンスと思ったら、失敗を恐れずにまずはやってみる」

再三お話ししているように、マーケットは常に変化しているので、どんな事業が支持されるのか、正解はわかりません。

そんな状況においては、「どんな事業がいいだろう?」とあれこれ可能性を検討することも大切ですが、それ以上に「まずはやってみる」ことが肝心です。

自分で実際に事業に取り組んでみれば、いろいろなことが見えてきます。順調にいきそうであれば、さらなる成長に向けて次の手を打てばいいし、うまくいきそうになければ、改善策を考えたり、別の事業に乗り換えることもできます。

日本人の多くは失敗を回避したがる気質があるのか、100%に近い確実性がないと動けなかったり、実際に行動を起こす前に「うまくいかないかもしれない」と先行きをネガティブに考えたり、躊躇したりします。

私としては「その事業の可能性について真剣に考え、綿密な事業計画を立てたのであれば、まずはやってみればいいのではないか」と思うのです。次のことは実際に動いてみた結果を受けてから考えればいいし、ダメならダメでも必ず何らかの発見や気づきはあります。

特に20代、30代のうちは、いくら失敗をしても、必ず次のチャンスがあります。失敗ができるうちにひとつでも多くのチャレンジを重ねて、経験値を積み上げておくことが、未来の成功への糧になるのです。

3「スピード重視で、常に変わり続け、先を行く」

前項の話ともつながるのですが、変化し続けるマーケットにおいては、ある時点で自社の強みだったものが、次の時点においてもその優位性を維持し続けられる保証はどこにもありません。仮にいま、強みだと自信を持っている何かがあったとしても、その状況に胡坐《あぐら》をかいて止まっていれば、あっという間に時代の流れに置いていかれてしまいます。

だからこそ、常に動き続け、先へ先へと進んでいかなければなりません。

実際、私は、中国における中古ブランド品の買取・販売事業において、そうした危機感を抱きながら事業を展開しています。中国はとにかく競争が激しい国で、自分たちに足りないものをどんどん補おうとします。現在の中国には、大黒屋のような精度の高い鑑定技術がないので優位性を保つことができていますが、数年後はどうなっているかわかりません。きっと大黒屋の技術から学んだ現地の人たちが同じようなサービスを生み出し、競争相手となるだろうと予想しています。さらに、中古ブランド品市場そのものが長くは続かないかもしれません。となれば、いまの大黒屋の強みは失われてしまいます。

それは正直やむを得ないことだと思います。ビジネスをするのであれば、競争や変化にさらされることは大前提です。

はじめから競争や変化を恐れていたら、何もできません。競争に負けないため、変化に対応するため、どうすれば勝ち残れるかを考えながら、先手を打ってスピード重視で動き続ける。最初から完璧なものを構築する必要はありません。むしろ、世の中の動きが激しい昨今においては、何年もかけてやっと完成させた商品やサービス、システムなどがあっという間に過去のものになってしまう事態も十分にあり得ます。

システム開発におけるアジャイル方式のように、動きながら変えていく。もしくは変えながら動いていく。あらゆることを同時進行で考えて進めていく仕事ができてこそ、変化の激しいグローバルマーケットでも生き残っていくことができるのです。